오래 보고 싶었다

오래 보고 싶었다

내일 더 빛날
당신을 위한 위로

나태주·다홍 웹툰 만화시집 01

내 어린 날의 한복판. 6·25 전쟁이 스쳐 간 언저리. 춥고 배고프고 가난하던 시절. 그것도 산골 마을에서 외할머니랑 둘이서만 사는 아이. 그런 나에게 좋은 읽을거리는 없었다. 겨우 동화책 한 권을 읽은 것이 초등학교 4학년 때였으니까 오늘에 와서 보면 얼마나 힘들게 살았나 짐작할만하다 하겠다.

읽을거리가 아주 많이 부족하던 그 시절, 그래도 우리에게는 만화란 것이 있었다. 그런 가운데 박기당 작가의 만화는 우리가 교과서 다음으로 많이 읽은 책이다. 얼마나 유익하고 재미있고 마음에 위안을 주고 꿈을 주었는지 모른다.

어른이 되어 시 쓰는 사람이 되고 어린 독자를 주로 만나면서 나의 시를 만화책으로 내보고 싶은 소망이 생겼다. 이것도 일종의 로망이고 버킷리스트 가운데 하나라 할 수 있을 것이다. 왜 학습 도서를 만화로 만들고 소설까지도 만화로 만드는데 시는 만화로 만들지 않는 걸까?

그런 염원이 오랜 기다림 끝에 이번에 나의 시가 만화와 어울려 책으로 나오게 되었다. 그림을 그려준 다홍 작가는 젊은 세대들에게 좋은 호응을 얻은 작가라고 한다. 섬세한 그림을 그려준 다홍 작가에게 감사드리고, 부디 이 책이 젊은 친구들에게 도움이 되는 책이 되기를 바란다.

적어도 이 책은 한국에서 시와 만화가 어울린 책으로는 처음이 되는 책이다. 앞으로도 이런 시도가 더욱 있기를 또한 바라고 여러 가지 어려운 여건을 무릅쓰고 책으로 내주는 출판사 더블북에게도 감사의 인사를 전한다.

2023년 가을에
나태주 씁니다.

---

* 만화시집을 내면서 꼭 한 가지 더하고 싶은 말이 있다. 몇 년 전, 내가 문학 강연을 열심히 다닐 때 경기도 화성시 두레자연중학교에서 강연을 한 일이 있다. 강연 도중, 중학생들에게 만화시집이 나온다는 말을 했고 책이 나오면 그 가운데 몇몇 학생들에게 꼭 선물하고 싶다고 약속을 한 일이 있다. 그런데 그로부터 시간이 너무 많이 흘러 그 학생들이 이제는 중학생을 벗어나 고등학생이거나 대학생이 되었을 것이다. 주소도 모르거니와 누군지도 기억이 가물거린다. 혹시 누군가 그 시절 화성의 두레자연중학교에서 내 강연을 들은 사람이 있다면 나에게 연락해주면 좋겠다. 이것이 이 책을 내면서 갖는 또 하나의 소망이다.

단어의 조각들이 모여 한 편의 시를 이루고 하나의 흐름이 되는 시편들을 두고 오랫동안 마음에 담아 두었습니다.
시 한 편을 오래도록 바라보며 제가 느끼는 시상과 따뜻한 이야기를 상상해 보는 건 저에게도 지친 일상에 소소하게 위로가 되는 일이었습니다.

한 편의 시를 두고 여느 단편 만화처럼 스토리를 풀어보아야 할지, 여러 편의 시를 각각의 짧은 이야기로 풀어보아야 할지, 그것도 아니라면 어떤 큰 흐름으로 자연스럽게 펼쳐내야 할지 고민이 많았습니다.

한편으론, 시인이 보는 시상과 만화가가 보는 시상은 어떤 지점에서 만날 수 있고 어떤 점에서 다른 색을 펼쳐내며 표현될지 내심 기대가 되기도 했습니다.

살면서 이토록 한 편의 시를, 하나의 단어를 오래 바라보고 있었던 적이 있었을까요.

시인의 말처럼 오래 바라보니 사랑스럽고, 정화가 되고, 환기가 되었습니다.

이 책을 펼친 분들께 작은 위로가 되고, 어느 틈 사이의 포근한 쉼이 되기를 바랍니다.

2023년 시월의 빛을 담아
다홍 씁니다.

시인의 말 * 5	희망 * 40
그린이의 말 * 7	터미널 식당 * 47
풀꽃 1 * 12	산수유 * 50
풀꽃 2 * 16	네가 있어 * 54
풀꽃 3 * 20	유월에 * 60
들길을 걸으며 * 26	혼자서 * 66
안부 * 32	다시 중학생에게 * 70
소망 * 36	행운 * 76

너를 두고 * 82

어여쁜 짐승 * 86

선물 * 92

사랑 * 98

행복 * 105

그리움 * 106

돌멩이 * 110

산티아고로 떠나는
시인에게 * 114

너무 잘하려고
애쓰지 마라 * 122

봄비 * 130

묘비명 * 138

멀리서 빈다 * 142

인생 * 148

눈을 감고 * 154

그럼에도 불구하고 * 162

여름의 일 * 168

너와 함께라면
인생도 여행이다 * 176

근황 * 184

한 사람 건너 * 193

새해 인사 * 197

먼 길 * 198

꽃 * 199

그 말 * 200

눈 위에 쓴다 * 201

9월에 만나요 * 202

가을 안부 * 204

꽃이 되어 새가 되어 * 205

내가 너를 * 206

잊지 말아라 * 207

어머니의 축원 * 208

외롭다고
생각할 때일수록 * 209

오늘 하루 * 210

사랑은 그런 것 * 212

섬에서 * 214

서로가 꽃 * 215

사는 일 * 216

서점에서 * 219

오늘의 약속 * 221

풀꽃 1

자세히 들여다본다

오래 들여다본다

풀꽃보다 사랑스러운 너

오래 함께하자구나

풀꽃 1

자세히 보아야
예쁘다

오래 보아야
사랑스럽다

너도 그렇다.

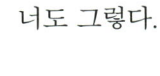

풀꽃 2

풀꽃 2

이름을 알고 나면 이웃이 되고
색깔을 알고 나면 친구가 되고
모양까지 알고 나면 연인이 된다
아, 이것은 비밀.

풀꽃 3

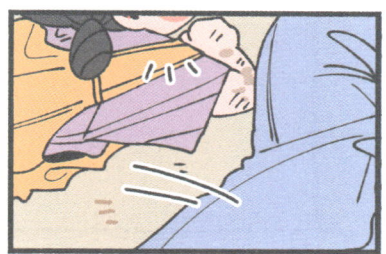

아고, 할아버지도
여기 누워야겠다!

네! 아주 많이요~!

풀꽃 3

기죽지 말고 살아봐

꽃 피워봐

참 좋아.

들길을 걸으며

1
세상에 와 그대를 만난 건
내게 얼마나 행운이었나
그대 생각 내게 머물므로
나의 세상은 빛나는 세상이 됩니다
많고 많은 사람 중에 그대 한 사람
그대 생각 내게 머물므로
나의 세상은 따뜻한 세상이 됩니다.

2

어제도 들길을 걸으며
당신을 생각했습니다
오늘도 들길을 걸으며
당신을 생각했습니다
어제 내 발에 밟힌 풀잎이
오늘 새롭게 일어나
바람에 떨고 있는 걸
나는 봅니다
나도 당신 발에 밟히면서
새로워지는 풀잎이면 합니다
당신 앞에 여리게 떠는
풀잎이면 합니다.

안부

보고 싶었다

잘 있노라니

안부

오래
보고 싶었다

오래
만나지 못했다

잘 있노라니
그것만 고마웠다.

소망

소망

받고 싶은 마음보다
주고 싶은 마음이 좋은 마음이다

주고 나서 이내 잊어버리고
무엇을 또 주어야 하나
찾는 마음이 좋은 마음이다

꽃을 보고서도 저것을 가져다
주었으면 하고
구름을 만나서도 저것을 데려다
주었으면 하는

그 마음 뒤에 웃고 있는 네가
있음을 나는 모르지 않는다

언제까지고 거기 너 그렇게
웃고만 있거라
예뻐 있거라.

희망

날이 개면 시장에 가리라

새로 산 자전거를 타고 힘들여 페달을 밟으며

시장에 가서는

생선도 사고,
채소도 사 가지고 오리라

희망

날이 개면 시장에 가리라
새로 산 자전거를 타고
힘들여 페달을 밟으며

될수록 소로길을 찾아서
개울길을 따라서
흐드러진 코스모스 꽃들
새로 피어나는 과꽃들 보며 가야지

아는 사람을 만나면 자전거에서 내려
악수를 청하며 인사를 할 것이다
기분이 좋아지면 휘파람이라도 불 것이다

어느 집 담장 위엔가
넝쿨콩도 올라와 열렸네

석류도 바깥세상이 궁금한지
고개 내밀고 얼굴 붉혔네

시장에 가서는
아내가 부탁한 반찬거리를 사리라
생선도 사고 채소도 사 가지고 오리라.

터미널 식당

인천종합버스터미널 지하층
터미널 식당
운전기사며 노동자며 뜨내기들
아무나 찾아들어 백반이든 국수든
차려놓은 음식 제 손으로 양껏
퍼서 먹는 집
얼굴 모르는 사람끼리도
서로 자리를 권하며 양보하며
밥을 먹는 집
고향 말씨 하나만으로도
고향 사람이라고 챙겨주고
같은 버스 타고 왔다고 동행이라고
마음 써주는 사람들
아 여기에 내가 그동안 잊고 살았던
사람 사는 세상이 남아 있었구나
정말로 건강하고 사람다운 사람들

여기에 모두 모여 밥을 먹고 있었구나
나도 그 집에서 국수
양껏 먹고 오천 원 내고 나오면서
밥 먹은 배보다도
마음의 배가 더 불러
만나는 사람마다 실없이
웃음 지어 보이곤 했던 것이다.

산수유

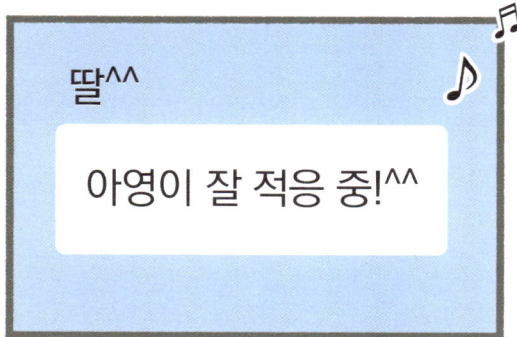

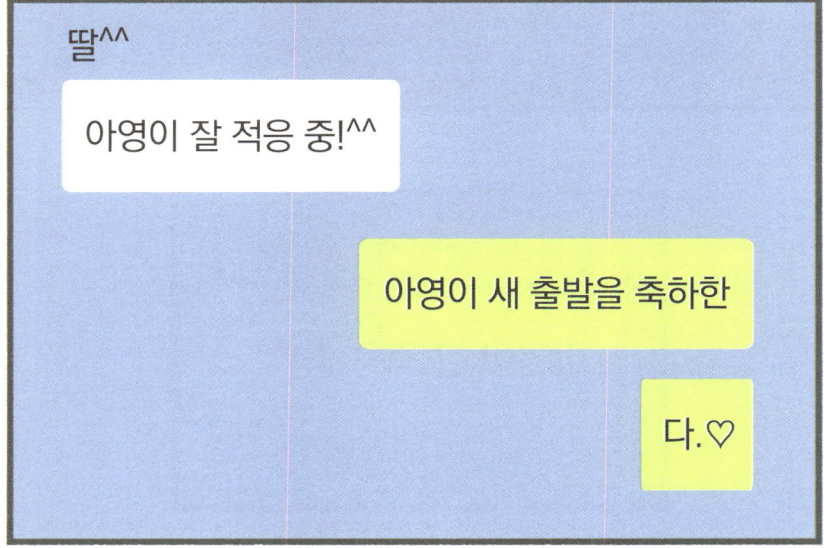

산수유

아프지만 다시 봄

그래도 시작하는 거야
다시 먼 길 떠나보는 거야

어떠한 경우에도 나는
네 편이란다.

네가 있어

우리 강아지, 연락 줘서 고맙구나!
네가 있어 할아버지는 참 감사하단다.

네가 있어

바람 부는 이 세상
네가 있어 나는 끝까지
흔들리지 않는 나무가 된다

서로 찡그리며 사는 이 세상
네가 있어 나는 돌아앉아
혼자서도 웃음 짓는 사람이 된다

고맙다
기쁘다
힘든 날에도 끝내 살아남을 수 있었다

우리 비록 헤어져
오래 멀리 살지라도
너도 그러기를 바란다.

유월에

말없이 바라보아 주시는 것만으로도

나는 행복합니다

때때로 와 서 주시는 것만으로도

나는 따뜻합니다

유월에

말없이 바라
보아주시는 것만으로도 나는
행복합니다

때때로 옆에 와
서 주시는 것만으로도 나는
따뜻합니다

산에 들에 하이얀 무찔레꽃
울타리에 덩굴장미
어우러져 피어나는 유월에

그대 눈길에
스치는 것만으로도 나는
황홀합니다

그대 생각 가슴속에
안개 되어 피어오름만으로도
나는 이렇게 가득합니다.

혼자서

더 당당하고 아름다울 때 있다

혼자서

무리 지어 피어 있는 꽃보다
두 셋이서 피어 있는 꽃이
도란도란 더 의초로울 때 있다

두 셋이서 피어 있는 꽃보다
오직 혼자서 피어 있는 꽃이
더 당당하고 아름다울 때 있다

너 오늘 혼자 외롭게
꽃으로 서 있음을 너무
힘들어 하지 말아라.

다시 중학생에게

다시 중학생에게

사람이 길을 가다 보면
버스를 놓칠 때가 있단다

잘못한 일도 없이
버스를 놓치듯
힘든 일 당할 때가 있단다

그럴 때마다 아이야
잊지 말아라

다음에도 버스는 오고
그다음에 오는 버스가 때로는
더 좋을 수도 있다는 것을!

어떠한 경우라도 아이야
너 자신을 사랑하고
이 세상에서 가장 귀한 것이
너 자신임을 잊지 말아라.

행운

전화 걸었을 때
반갑게 전화 받아주는

바로 그 한 사람

행운

혼자 있을 때
생각나는 이름 하나
있다는 건 기쁜 일이다

이름이 생각날 때
전화 걸 수 있다는 건
더욱 기쁜 일이다

전화 걸었을 때
반갑게 전화 받아주는
바로 그 한 사람

그 한 사람이
살면서 날마다 나의 행운
기쁨의 원천이다.

너를 두고

너를 두고

세상에 와서
내가 하는 말 가운데서
가장 고운 말을
너에게 들려주고 싶다

세상에 와서
내가 가진 생각 가운데서
가장 예쁜 생각을
너에게 주고 싶다

세상에 와서
내가 할 수 있는 표정 가운데
가장 좋은 표정을
너에게 보이고 싶다

이것이 내가 너를
사랑하는 진정한 이유
나 스스로 네 앞에서 가장
좋은 사람이 되고 싶은 소망이다.

어여쁜 짐승

어여쁜 짐승

정말로 좋은 사랑이란 사랑하는 사람을
행복하게 해주는 것이란 말이 있다
또 사랑하는 사람을 편안하게 해주는 것이란 말도 있다
그러나 젊은 시절엔 그런 말들을 듣고서도
미처 그 말의 뜻을 깨치지 못했다
처음부터 귀를 막았는지도 모른다
정말로 사랑이란 것이 사랑하는 사람을 편안하게 해주고
행복하게 해주는 것이란 것을 알았을 때는
너무나 많이 나이를 먹고 난 뒤의 일이기 십상이다
그것은 행복이 자기한테 떠나갔을 때 비로소
자기가 행복했었다는 걸 뒤늦게 깨닫는 어리석음과 같다
그러나 지금이라도 그것을 알았다면 얼마나 다행스런 일
인가!
네 옆에 잠시 이렇게 숨을 쉬는 순한 짐승으로 나는 오늘
충분히 행복해지고 편안해지기로 한다

너도 내 옆에서 가만가만 숨을 쉬는 어여쁜 짐승으로
한동안 행복해지고 편안해졌으면 좋겠다.

선물

지구에 와서 만난 당신

당신이 우선으로 가장 좋으신 선물입니다

나도 또한 이제는 당신에게

좋은 선물이었으면 합니다

선물

나에게 이 세상은 하루하루가 선물입니다
아침에 일어나 만나는 밝은 햇빛이며 새소리,
맑은 바람이 우선 선물입니다

문득 푸르른 산 하나 마주했다면 그것도 선물이고
서럽게 서럽게 뱀 꼬리를 흔들며 사라지는
강물을 보았다면 그 또한 선물입니다

한낮의 햇살 받아 손바닥 뒤집는
잎사귀 넓은 키 큰 나무들도 선물이고
길 가다 발밑에 깔린 이름 없어 가여운
풀꽃들 하나하나도 선물입니다

무엇보다도 먼저 이 지구가 나에게 가장 큰 선물이고
지구에 와서 만난 당신,

당신이 우선으로 가장 좋으신 선물입니다

저녁 하늘에 붉은 노을이 번진다 해도 부디
마음 아파하거나 너무 섭하게 생각지 마서요
나도 또한 이제는 당신에게
좋은 선물이었으면 합니다.

사랑

사랑

너 많이 예쁘거라
오래오래 웃고 있거라

우선은 너를 위해서
그다음은 나를 위해서
세상을 위해서

너처럼 예쁜 세상
네가 웃고 있는 세상은
얼마나 좋은 세상이겠니!

행복

저녁 때
돌아갈 집이 있다는 것

힘들 때
마음속으로 생각할 사람 있다는 것

외로울 때
혼자서 부를 노래 있다는 것.

그것이 인생이고 그리움

그리움

가지 말라는데 가고 싶은 길이 있다
만나지 말자면서 만나고 싶은 사람이 있다
하지 말라면 더욱 해보고 싶은 일이 있다

그것이 인생이고 그리움
바로 너다.

돌멩이

돌멩이

흐르는 맑은 물결 속에 잠겨
보일 듯 말 듯 일렁이는
얼룩무늬 돌멩이 하나
돌아가는 길에 가져가야지
집어 올려 바위 위에
놓아두고 잠시
다른 볼일 보고 돌아와
찾으려니 도무지
어느 자리에 두었는지
찾을 수가 없다

혹시 그 돌멩이, 나 아니었을까?

산티아고로 떠나는 시인에게

잘 다녀와

나무가 되고 바람이 되고 싶어 하는

푸른 영혼아

산티아고로 떠나는 시인에게

객지의 날이 길고 길겠네
부디 아프면 안 돼
좋은 생각 맑은 생각 많이 하며
잘 다녀와

우리들 세상의 목숨은
어차피 한 번뿐이고
진정한 사랑도 한 번뿐이고
가슴 저미도록 아름다운 여행도
한 번뿐인 거야
지금 그대는 그 여행을 떠나려는 거구

나는 결단코 알지 못하는 땅
가보지 않은 고장
그곳의 구름이 되고
나무가 되고 바람이 되고 싶어 하는

영혼아 푸른 영혼아
아주는 그곳에 머무르지 말고
그곳의 바람과 햇빛과
구름과 나무만 데리고 오기 바래

모르는 곳 그곳으로
그대 떨치고 떠날 수 있는
그대의 조건과 그대
자신에 대해 감사하면서
잘 다녀오기를 빌어

다녀오면 내 그대를
한 번 안아줄게
내 키가 비록 그대 키보다
훨씬 작지만 말이야.

너무 잘하려고 애쓰지 마라

방금 전

나는 오늘도 많은 일들과 만났고
많은 일들에 최선을 다했다.

너무 잘하려고 애쓰지 마라

너, 너무 잘하려고 애쓰지 마라
오늘의 일은 오늘의 일로 충분하다
조금쯤 모자라거나 비뚤어진 구석이 있다면
내일 다시 하거나 내일
다시 고쳐서 하면 된다
조그마한 성공도 성공이다
그만큼에서 그치거나 만족하라는 말이 아니고
작은 성공을 슬퍼하거나
그것을 빌미 삼아 스스로를 나무라거나
힘들게 하지 말자는 말이다
나는 오늘도 많은 일들과 만났고
견딜 수 없는 일들까지 견뎠다
나름대로 최선을 다한 셈이다
그렇다면 나 자신을 오히려 칭찬해주고
보듬어 껴안아줄 일이다

오늘을 믿고 기대한 것처럼
내일을 또 믿고 기대해라
오늘의 일은 오늘의 일로 충분하다
너, 너무 잘하려고 애쓰지 마라.

봄비

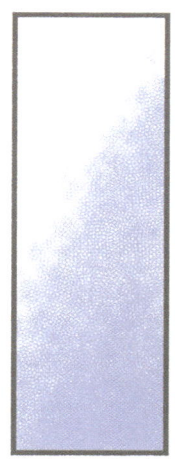

봄비

사랑이 찾아올 때는
엎드려 울고

사랑이 떠나갈 때는
선 채로 울자

그리하여 너도 씨앗이 되고
나도 씨앗이 되자

끝내는 우리가 울울창창
서로의 그늘이 되자.

묘비명

많이 보고 싶겠지만

묘비명

많이 보고 싶겠지만

조금만 참자.

멀리서 빈다

어딘가 내가 모르는 곳에

보이지 않는 풀잎처럼 숨 쉬고 있는

나 한 사람으로 하여 세상은

다시 한번 고요한 저녁이 온다

멀리서 빈다

어딘가 내가 모르는 곳에
보이지 않는 꽃처럼 웃고 있는
너 한 사람으로 하여 세상은
다시 한번 눈부신 아침이 되고

어딘가 네가 모르는 곳에
보이지 않는 풀잎처럼 숨 쉬고 있는
나 한 사람으로 하여 세상은
다시 한번 고요한 저녁이 온다

가을이다, 부디 아프지 마라.

인생

좋았노라

그마저도 아름다운 하루였노라
말하고 싶어요

인생

화창한 날씨만 믿고
가벼운 옷차림과 신발로 길을 나섰지요
향기로운 바람 지저귀는 새소리 따라
오솔길을 걸었지요

멀리 갔다가 돌아오는 길
막판에 그만 소나비를 만났지 뭡니까

하지만 나는 소나비를 나무라고 싶은
생각이 별로 없어요
날씨 탓만 하며 날씨한테 속았노라
말하고 싶지도 않아요

좋았노라 그마저도 아름다운 하루였노라
말하고 싶어요

소낙비 함께 옷과 신발에 묻어온
숲속의 바람과 새소리

그것도 소중한 나의 하루
나의 인생이었으니까요.

눈을 감고

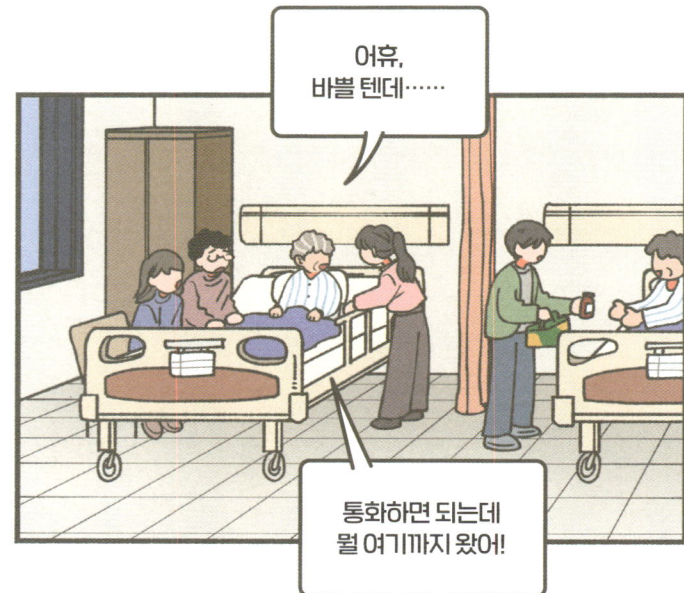

아픔이 어디만큼 왔는지 본다

내게 남겨진 날들을 챙겨본다

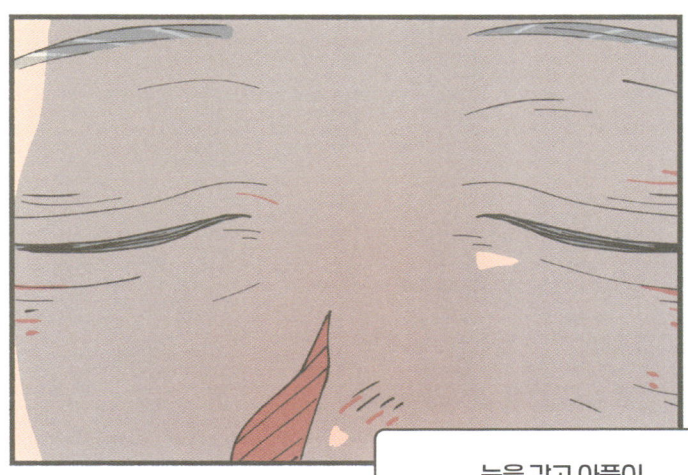

눈을 감고 아픔이
어디까지 갔는지 본다

눈을 감고

아픔이 어디만큼
왔는지 본다

손끝으로 왔다가
팔뚝을 타고 올라와
가슴을 지나서
머리까지 온다
이제는 제집인 양
온몸을 휘젓고 다닌다

그래도 나는 좋은 일을 생각한다
예쁜 아이 얼굴을 떠올리고
내게 남겨진 날들을 챙겨본다
아픔이 조금씩 꼬리를 내린다
이제 가려는가

하지만 아픔은 이내
다시 나를 찾아올 것이다

눈을 감고 아픔이
어디까지 갔는지 본다.

그럼에도 불구하고

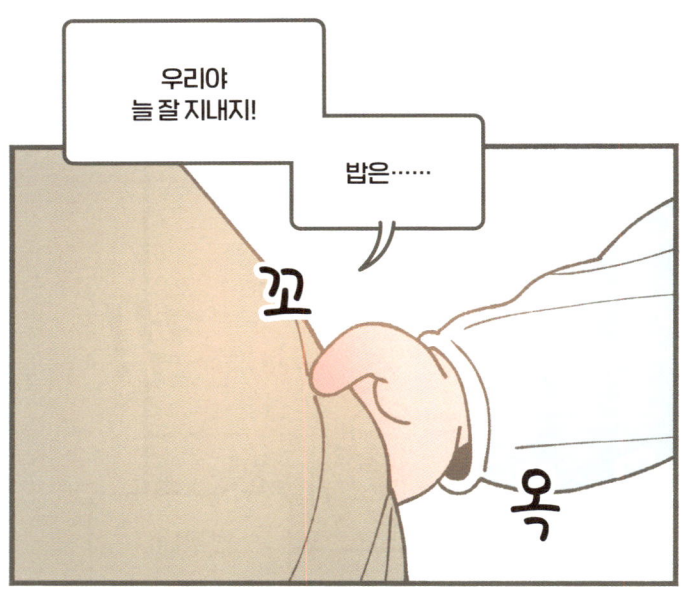

그럼에도 불구하고

지금 사람들 너나없이
살기 힘들다, 지쳤다, 고달프다,
심지어 화가 난다고까지 말을 한다

그렇지만 이 대목에서도
우리가 마땅히 기댈 말과
부탁할 마음은 '그럼에도 불구하고'

그럼에도 불구하고 우리는
밥을 먹어야 하고
잠을 자야 하고 일을 해야 하고

그럼에도 불구하고 우리는
아낌없이 사랑해야 하고
조금은 더 참아낼 줄 알아야 한다

무엇보다도 소망의 끈을
놓치지 말아야 한다
기다림의 까치발을 내리지 말아야 한다

그것이 날마다 아침이 오는 까닭이고
봄과 가을 사계절이 있는 까닭이고
어린것들이 우리와 함께하는 이유이다.

여름의 일

여름의 일

골목길에서 만난
낯선 아이한테서
인사를 받았다

안녕!

기분이 좋아진 나는
하늘에게 구름에게
지나는 바람에게 울타리 꽃에게
인사를 한다

안녕!

문간 밖에 나와
쭈그리고 앉아 있는

순한 얼굴의 개에게도
인사를 한다

너도 안녕!

너와 함께라면 인생도 여행이다

사랑하는 너와 함께라면

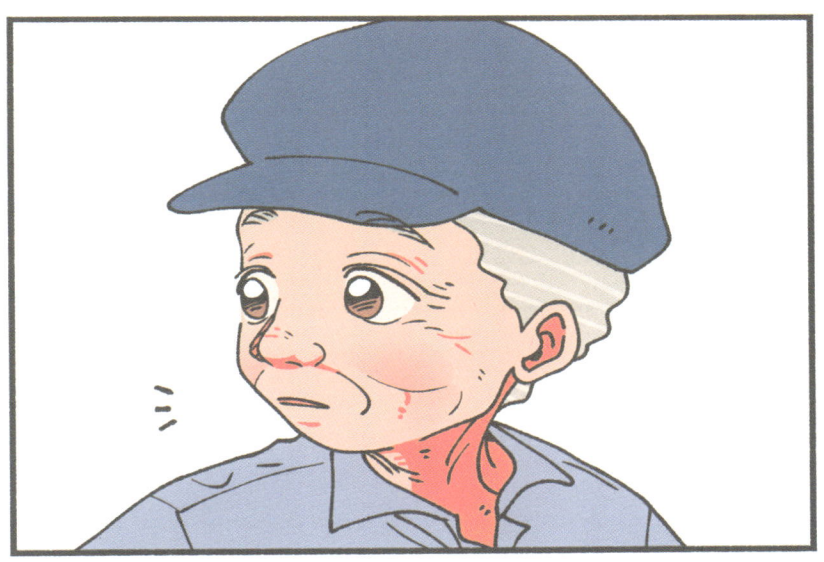

인생은 얼마나 가슴 벅찬 하루하루일 것이며

아기자기 즐겁고 아름다운 발길일 거냐

너와 함께라면 인생도 여행이다

인생이 무엇인가
한마디로 말하는 사람 없고
인생이 무엇인가
정말로 알고 인생을 사는 사람 없다

어쩌면 인생은 무정의용어 같은 것
무작정 살아보아야 하는 것
옛날 사람들도 그랬고 오늘도 그렇고
앞으로도 오래 그래야 할 것

사람들 인생이 고달프다 지쳤다
힘들다고 입을 모은다
가끔은 화가 나서
내다 버리고 싶다고까지 불평을 한다

그렇지만 말이다
비록 그러한 인생이라도
사랑하는 사람과 함께라면
조금쯤 살아볼 만한 것이 아닐까

인생은 고행이다! 그렇게
말하는 사람들 있다
우리 여기서 '고행'이란 말
'여행'이란 말로 한번 바꾸어보자

인생은 여행이다!
더구나 사랑하는 너와 함께라면
인생은 얼마나 가슴 벅찬 하루하루일 것이며
아기자기 즐겁고 아름다운 발길일 거냐

너도 부디 나와 함께
힘들고 지치고 고달픈 날들
여행이라고 생각해주면 좋겠구나
지구 여행 잘 마치고 지구를 떠나자꾸나.

근황

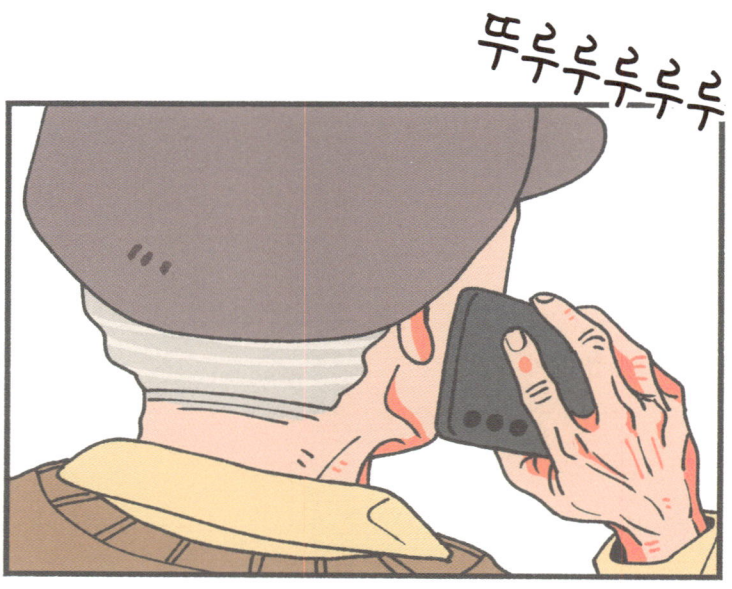

전화를 받을 수 없어 음성 사서함으로……

요새

네 마음속에 살고 있는

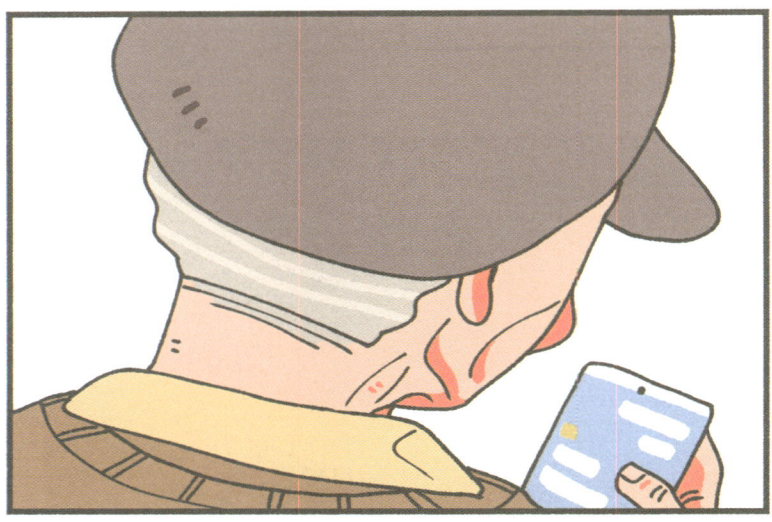

나는 어떠니?

내 마음속에 들어와

살고 있는 너는 여전히

예쁘고 귀엽단다.

근황

요새
네 마음속에 살고 있는
나는 어떠니?

내 마음속에 들어와
살고 있는 너는 여전히
예쁘고 귀엽단다.

한 사람 건너

한 사람 건너 한 사람
다시 한 사람 건너 또 한 사람

애기 보듯 너를 본다

찡그린 이마
앙다문 입술
무슨 마음 불편한 일이라도
있는 것이냐?

꽃을 보듯 너를 본다.

세상의 모든
풀꽃들에게 전하는 시

새해 인사

글쎄, 해님과 달님은 삼백예순다섯 개나
공짜로 받았지 뭡니까
그 위에 수없이 많은 별빛과 새소리와 구름과
그리고
꽃과 물소리와 바람과 풀벌레 소리들을
덤으로 받았지 뭡니까

이제, 또다시 삼백예순다섯 개의
새로운 해님과 달님을 공짜로 받을 차례입니다
그 위에 얼마나 더 많은 좋은 것들을 덤으로
받을지 모르는 일입니다

그렇게 잘 살면 되는 일입니다
그 위에 더 무엇을 바라시겠습니까?

먼 길

함께 가자
먼 길

너와 함께라면
멀어도 가깝고

아름답지 않아도
아름다운 길

나도 그 길 위에서
나무가 되고

너를 위해 착한
바람이 되고 싶다.

꽃

아무렇게나 저절로
피는 꽃은 없다

누군가의 억울함과 슬픔과
기도가 쌓여 피는 꽃

그렇다면 산도 바다도
강물도

하늘과 땅의 억울함과 슬픔과
기도로 피어나는 꽃일 것이다.

그 말

보고 싶었다
많이 생각이 났다

그러면서도 끝까지
남겨두는 말은
사랑한다
너를 사랑한다

입속에 남아서 그 말
꽃이 되고
향기가 되고
노래가 되기를 바란다.

눈 위에 쓴다

눈 위에 쓴다
사랑한다 너를
그래서 나 쉽게
지구라는 아름다운 별
떠나지 못한다.

9월에 만나요

봄은 올까요?
추운 겨울을 이기고
우리 마을에도
분명 봄은 찾아올까요?
그렇게 묻던 시절이
있었습니다

이제 다시 우리는
이렇게 묻습니다
가을은 올까요?
우리 마을에도
사나운 여름을 이기고
가을은 분명 찾아올까요?

옵니다 분명

가을은 옵니다
9월은 벌써 가을의 문턱
9월은 치유와 안식의 계절

우리 9월에 만나요
만나서 우리 서로 그동안
힘들었다고 고생했다고
잘 참아줘서 고맙다고
서로의 이마를 쓰다듬어주며
인사를 해요

여름에 핏발 선 눈을 씻고
말갛고 말간 눈빛으로 만나요
그날 그대의 입술이 봉숭아 빛
더욱 붉고 예뻤으면 좋겠습니다.

가을 안부

골목길이 점점 환해지고
넓게 보인다
도시의 건물과 건물 사이가
점점 성글어진다

바람 탓일까
햇빛 탓일까
아니면 사람 탓일까

그래도 섭섭해하지 말자
우리는 오래된 벗
너 거기서 잘 있거라
나도 여기 잘 있단다.

꽃이 되어 새가 되어

지고 가기 힘겨운 슬픔 있거든
꽃들에게 맡기고

부리기도 버거운 아픔 있거든
새들에게 맡긴다

날마다 하루해는 사람들을 비껴서
강물 되어 저만큼 멀어지지만

들판 가득 꽃들은 피어서 붉고
하늘가로 스치는 새들도 본다.

내가 너를

내가 너를
얼마나 좋아하는지
너는 몰라도 된다

너를 좋아하는 마음은
오로지 나의 것이요,
나의 그리움은
나 혼자만의 것으로도
차고 넘치니까……

나는 이제
너 없이도 너를
좋아할 수 있다.

잊지 말아라

다만 지금 누군가 너를
생각하는 사람이 있다고 생각해보아라
세상 살맛이 조금씩 돌아올 것이다

다만 지금 누군가 너를 위해
기도하는 사람이 있다고 생각해보아라
세상이 좀 더 따스하게 느껴질 것이다

다만 지금 누군가 너를 위해
울고 있는 사람이 있다고 생각해보아라
세상이 갑자기 눈부신 세상으로 바뀔 것이다

어쩌면 너도 누군가를 위해
기도하는 사람이 되고
함께 울어주고 싶은 사람이
될지도 모를 일이다.

어머니의 축원

늦지 말고 가거라
어디든 가거라

고운 얼굴 눈부신 모습 치렁한 머리칼 그대로 바람에 날리며 햇빛에 반짝이며 강물 위를 걸어서 가거라 푸른 들판을 밟으며 가거라 모래밭 서걱이며 사막을 건너라 그래서 네가 되거라 네가 되고 싶은 오로지 네가 되거라 굳이 이곳으로 돌아오려고 애쓰지는 말거라 그곳에서 씨를 뿌리며 너도 나무가 되거라 강물이 되거라 들판이 되거라

늦지 말고 가거라
청춘인 그대로 가거라.

외롭다고 생각할 때일수록

외롭다고 생각할 때일수록
혼자이기를,

말하고 싶은 말이 많은 때일수록
말을 삼가기를,

울고 싶은 생각이 깊을수록
울음을 안으로 곱게 삭이기를,

꿈꾸고 꿈꾸노니—

많은 사람들로부터 빠져나와
키 큰 미루나무 옆에 서 보고
혼자 고개 숙여 산길을 걷게 하소서.

오늘 하루

자 오늘은 이만 자러 갑시다
오늘도 이것으로 좋았습니다
충분했습니다

아내는 아내 방으로 가서
텔레비전 보다가 잠들고
나는 내 방으로 와서 책 읽다가 잠이 든다

우리 내일도 만났으면 좋겠습니다
자 오늘도 안녕히!
아내는 아내 방에서 코를 조그맣게 골면서 자고
나는 내 방에서 꿈을 꾸며 잠을 잔다

생각해보면 이것도 참 눈물겨운 곡절이고
서러운 노릇이다
안타까운 노릇이다

오늘 하루 좋았다 아름다웠다
우리는 앞으로 얼마 동안
이런 날 이런 저녁을 함께할 것인가!

사랑은 그런 것

예쁘면 얼마나 예쁘겠나
때로는 나도 내가
예쁘지 않은데

좋으면 얼마나 좋겠나
때로는 나도 내가
좋지 않은데

그만큼 예쁘면 됐지
그만큼 좋으면 됐지
사랑이란 그런 것이다

조금 예뻐도 많이
예쁘다 여겨주면
많이 예뻐지고

조금 좋아도 많이
좋다고 생각하면
많이 좋아지는 것이 아니겠나.

섬에서

그대, 오늘

볼 때마다 새롭고
만날 때마다 반갑고
생각날 때마다 사랑스런
그런 사람이었으면 좋겠습니다

풍경이 그러하듯이
풀잎이 그렇고
나무가 그러하듯이.

서로가 꽃

우리는 서로가
꽃이고 기도다

나 없을 때 너
보고 싶었지?
생각 많이 났지?

나 아플 때 너
걱정됐지?
기도하고 싶었지?

그건 나도 그래
우리는 서로가
기도이고 꽃이다.

사는 일

1
오늘도 하루 잘 살았다
굽은 길은 굽게 가고
곧은 길은 곧게 가고

막판에는 나를 싣고
가기로 되어 있는 차가
제시간보다 일찍 떠나는 바람에
걷지 않아도 좋은 길을 두어 시간
땀 흘리며 걷기도 했다

그러나 그것도 나쁘지 아니했다
걷지 않아도 좋은 길을 걸었으므로
만나지 못했을 뻔했던 싱그러운
바람도 만나고 수풀 사이
빨갛게 익은 멍석딸기도 만나고
해 저문 개울가 고기비늘 찍으러 온 물총새

물총새, 쪽빛 날갯짓도 보았으므로
이제 날 저물려 한다
길바닥을 떠돌던 바람은 잠잠해지고
새들도 머리를 숲으로 돌렸다
오늘도 하루 나는 이렇게
잘 살았다.

2
세상에 나를 던져보기로 한다
한 시간이나 두 시간

퇴근 버스를 놓친 날 아예
다음 차 기다리는 일을 포기해버리고
길바닥에 나를 놓아버리기로 한다

누가 나를 주워가 줄 것인가?
만약 주워가 준다면 얼마나 내가
나의 길을 줄였을 때
주워가 줄 것인가?

한 시간이나 두 시간
시험 삼아 세상 한복판에
나를 던져보기로 한다

나는 달리는 차들이 비껴 가는
길바닥의 작은 돌멩이.

서점에서

서점에 들어가면
나무숲에 들어간 것같이
마음이 편안해진다

어딘가 새소리가 들리고
개울 물소리가 다가오고
흰 구름의 그림자가
어른거리는 것 같다

아닌 게 아니라
서점의 책들은 모두가
숲에서 온 친구들이다

서가 사이를 서성이는 것은
나무와 나무 사이를 서성이는 것
책을 넘기는 것은

나무의 속살을 잠시 들여다보는 것

오늘도 나는
숲속 길을 멀리 걸었고
나무들과 어울려 잘 놀았다.

오늘의 약속

덩치 큰 이야기, 무거운 이야기는 하지 않기로 해요
조그만 이야기, 가벼운 이야기만 하기로 해요
아침에 일어나 낯선 새 한 마리가 날아가는 것을 보았다든지
길을 가다 담장 너머 아이들 떠들며 노는 소리가 들려 잠시 발을 멈췄다든지
매미 소리가 하늘 속으로 강물을 만들며 흘러가는 것을 문득 느꼈다든지
그런 이야기들만 하기로 해요

남의 이야기, 세상 이야기는 하지 않기로 해요
우리들의 이야기, 서로의 이야기만 하기로 해요
지나간 밤 쉽게 잠이 오지 않아 애를 먹었다든지
하루 종일 보고픈 마음이 떠나지 않아 가슴이 뻐근했다든지
모처럼 개인 밤하늘 사이로 별 하나 찾아내어 숨겨놓은

소원을 빌었다든지
   그런 이야기들만 하기로 해요

   실은 우리들 이야기만 하기에도 시간이 많지 않은 걸
우리는 잘 알아요
   그래요, 우리 멀리 떨어져 살면서도
   오래 헤어져 살면서도 스스로
   행복해지기로 해요
   그게 오늘의 약속이에요.

오래 보고 싶었다

나태주·다홍 웹툰 만화시집 01

초판 1쇄 발행 2023년 10월 5일
초판 14쇄 발행 2025년 10월 27일

글 나태주
그림 다홍
펴낸이 하인숙

기획총괄 김현종
책임편집 김종숙
PM 강이설, 박슬기(NAVERWEBTOON)
마케팅 김미숙
디자인 studio forb

펴낸곳 더블북
출판등록 2009년 4월 13일 제2022-000052호
주소 서울시 양천구 목동서로 77 현대월드타워 1713호
전화 02-2061-0765 **팩스** 02-2061-0766
블로그 https://blog.naver.com/doublebook
인스타그램 @doublebook_pub
포스트 post.naver.com/doublebook
페이스북 www.facebook.com/doublebook1
이메일 doublebook@naver.com

© 나태주, 2023
© NAVERWEBTOON 다홍, 2023
ISBN 979-11-93153-09-3 (03810)

- 이 책은 저작권법에 따라 보호를 받는 저작물이므로 무단전재와 무단복제를 금합니다.
- 이 책의 전부 또는 일부 내용을 재사용하려면 사전에 저작권자와 더블북의 동의를 받아야 합니다.
- 인쇄·제작 및 유통상의 파본 도서는 구입하신 서점에서 교환해드립니다.
- 책값은 뒤표지에 있습니다.